Camping Logbuch

Name

....

Adresse

....

....

....

Telefon / Mobil

....

E-Mail-Adresse

....

Sonstige Informationen

....

....

....

Fahrzeuglänge ....

Fahrzeughöhe ....

Fahrzeugbreite ....

Gesamtgewicht ....

Radstand ....

Zuladung ....

Zulässige Achslast vorne ....

Zulässige Achslast hinten ....

Reifendimensionen ....

Pannendienst / ....

Notfallnummer ....

Versicherung / ....

Versicherungsnummer ....

Sonstige Informationen

....

....

....

Checkliste

Fahrzeug

- ☐ Verbandskasten
- ☐ Warnweste
- ☐ Warndreieck
- ☐ Ersatzglühlampen
- ☐ Ersatzsicherungen
- ☐ Starthilfekabel
- ☐ Abschleppseil
- ☐ Motoröl
- ☐ Navigationsgerät
- ☐ Straßenatlas
- ☐ ....
- ☐ ....
- ☐ ....

Reiseapotheke

- ☐ Schmerztabletten
- ☐ Schmerzgel
- ☐ Medikamente gegen Übelkeit
- ☐ Medikamente gegen Durchfall
- ☐ Wundsalbe
- ☐ Wundpflaster / Mullbinden
- ☐ Desinfektionsmittel
- ☐ Insektenschutz
- ☐ ....
- ☐ ....
- ☐ ....

Dokumente

- ☐ Personalausweis / Reisepass
- ☐ Führerschein / Fahrzeugschein
- ☐ Krankenversicherung (Auslands-)
- ☐ EC- / Kreditkarte
- ☐ Tickets
- ☐ ....
- ☐ ....
- ☐ ....

Hygieneartikel

- ☐ Duschgel / Shampoo
- ☐ Handtücher
- ☐ Föhn / Bürste / Kamm
- ☐ Nagelschere / Pinzette
- ☐ Creme (Sonnen-) / Bodylotion
- ☐ Zahnbürste / Zahnpasta
- ☐ Rasierer
- ☐ Binden / Tampons
- ☐ Toilettenpapier
- ☐ Reinigungstücher
- ☐ Taschentücher
- ☐ Kosmetika
- ☐ Wattepads / Wattestäbchen
- ☐ ....
- ☐ ....
- ☐ ....

Checkliste

Bekleidung

- ☐ Hosen (kurz / lang)
- ☐ Hemden / Blusen
- ☐ Shirts / Pullover
- ☐ Röcke / Kleider
- ☐ Unterwäsche / Socken
- ☐ Schlafanzug
- ☐ Jacke
- ☐ Schuhe / Sandalen
- ☐ Kopfbedeckung
- ☐ ....
- ☐ ....
- ☐ ....

Reinigung

- ☐ Spülmittel
- ☐ Universalreiniger
- ☐ Gallseife
- ☐ WC-Reiniger
- ☐ Waschmittel
- ☐ Lappen
- ☐ Geschirrhandtücher
- ☐ Müllbeutel
- ☐ Kleiderbürste / Schuhbürste
- ☐ Bügeleisen
- ☐ ....
- ☐ ....

Lebensmittel

- ☐ Zucker
- ☐ Gewürze
- ☐ Senf / Ketchup
- ☐ Brot
- ☐ Nudeln
- ☐ Kartoffeln
- ☐ Butter / Margerine
- ☐ Milch
- ☐ Obst / Gemüse
- ☐ Marmelade / Honig
- ☐ Wurst / Käse
- ☐ Kaffee / Tee
- ☐ Kakao
- ☐ Mineralwasser
- ☐ Saft
- ☐ Alkoholische Getränke
- ☐ ....
- ☐ ....
- ☐ ....
- ☐ ....
- ☐ ....
- ☐ ....
- ☐ ....
- ☐ ....

Checkliste

Strandartikel

- ☐ Liegen / Decke / Klappstühle
- ☐ Sonnen- / Windschutz
- ☐ Luftmatratze / Schlauchboot
- ☐ Schwimmreifen / Schwimmflügel
- ☐ Luftpumpe
- ☐ Sonnenbrille
- ☐ Badeschuhe
- ☐ Badetuch
- ☐ ....
- ☐ ....
- ☐ ....
- ☐ ....
- ☐ ....

Vor der Abreise

- ☐ ....
- ☐ ....
- ☐ ....
- ☐ ....
- ☐ ....
- ☐ ....
- ☐ ....
- ☐ ....
- ☐ ....
- ☐ ....
- ☐ ....

Sonstiges

- ☐ ....
- ☐ ....
- ☐ ....
- ☐ ....
- ☐ ....
- ☐ ....
- ☐ ....
- ☐ ....
- ☐ ....
- ☐ ....
- ☐ ....
- ☐ ....
- ☐ ....
- ☐ ....
- ☐ ....
- ☐ ....
- ☐ ....
- ☐ ....
- ☐ ....

Checkliste

Notizen

••

••

••

••

••

••

••

••

••

••

••

••

••

••

••

Reiseverzeichnis

Reiseverzeichnis

Camping Logbuch

Campingplatz ....

Vom ....   **Adresse** ....

Bis ....

Übernachtung

☐   ☐   ☐   ☐ ....

Gefahrene Km ....   **Preis** ....

Mitreisende ....   **Wetter** *(durchschnittlich)*   °C

....   ☀ ⛅ ☁ ☁ 🌧 ❄ 🌡

....   ○   ○   ○   ○   ○   ○ ......

Ausstattung

☐ Aufenthaltsraum   ☐ Strom

☐ Duschen   ☐ Toiletten

☐ Einkaufsmöglichkeiten   ☐ Waschmaschinen

☐ Entsorgung   ☐ WLAN

☐ Fahrradverleih   ☐ ....

☐ Frischwasser   ☐ ....

☐ Grillplatz   ☐ ....

☐ Haustiere erlaubt   ☐ ....

☐ Spielplatz   ☐ ....

Bewertung

Lage & Umgebung   **Sauberkeit**   **Ausstattung**

☆ ☆ ☆ ☆ ☆   ☆ ☆ ☆ ☆ ☆   ☆ ☆ ☆ ☆ ☆

Bademöglichkeit   **Freizeitangebote**   **Preis - Leistung**

☆ ☆ ☆ ☆ ☆   ☆ ☆ ☆ ☆ ☆   ☆ ☆ ☆ ☆ ☆

Aktivitäten, Erlebnisse & Fotos

Notizen

Campingplatz ....

Vom ....   **Adresse** ....

Bis ....

Übernachtung

☐   ☐   ☐   ☐ ....

Gefahrene Km ....   **Preis** ....

Mitreisende ....   **Wetter** (durchschnittlich)   °C

....   ☀ ⛅ ☁ ☁ 🌧 ❄ 🌡

....   ○   ○   ○   ○   ○   ○ .....

Ausstattung

☐ Aufenthaltsraum   ☐ Strom

☐ Duschen   ☐ Toiletten

☐ Einkaufsmöglichkeiten   ☐ Waschmaschinen

☐ Entsorgung   ☐ WLAN

☐ Fahrradverleih   ☐ ....

☐ Frischwasser   ☐ ....

☐ Grillplatz   ☐ ....

☐ Haustiere erlaubt   ☐ ....

☐ Spielplatz   ☐ ....

Bewertung

Lage & Umgebung   **Sauberkeit**   **Ausstattung**

☆ ☆ ☆ ☆ ☆   ☆ ☆ ☆ ☆ ☆   ☆ ☆ ☆ ☆ ☆

Bademöglichkeit   **Freizeitangebote**   **Preis - Leistung**

☆ ☆ ☆ ☆ ☆   ☆ ☆ ☆ ☆ ☆   ☆ ☆ ☆ ☆ ☆

Aktivitäten, Erlebnisse & Fotos

....

....

....

....

....

....

Notizen

Campingplatz ....

Vom .... **Adresse** ....
Bis ....

Übernachtung

☐ 🚐   ☐ 🚐   ☐ ⛺   ☐
....

Gefahrene Km .... **Preis** ....

Mitreisende .... **Wetter** (durchschnittlich)
.... ☀ 🌤 ☁ 🌥 🌧 🌨 🌡°C
.... ○   ○   ○   ○   ○   ○ .....

Ausstattung

☐ Aufenthaltsraum   ☐ Strom
☐ Duschen   ☐ Toiletten
☐ Einkaufsmöglichkeiten   ☐ Waschmaschinen
☐ Entsorgung   ☐ WLAN
☐ Fahrradverleih   ☐ ....
☐ Frischwasser   ☐ ....
☐ Grillplatz   ☐ ....
☐ Haustiere erlaubt   ☐ ....
☐ Spielplatz   ☐ ....

Bewertung

Lage & Umgebung   **Sauberkeit**   **Ausstattung**
☆ ☆ ☆ ☆ ☆   ☆ ☆ ☆ ☆ ☆   ☆ ☆ ☆ ☆ ☆

Bademöglichkeit   **Freizeitangebote**   **Preis - Leistung**
☆ ☆ ☆ ☆ ☆   ☆ ☆ ☆ ☆ ☆   ☆ ☆ ☆ ☆ ☆

Aktivitäten, Erlebnisse & Fotos

....

....

....

....

....

....

Notizen

Campingplatz ....

Vom ....
Bis ....

Adresse ....
....

Übernachtung

☐   ☐   ☐   ☐ ....

Gefahrene Km ....

Preis ....

Mitreisende ....
....
....

Wetter (durchschnittlich)

☀ ⛅ ☁ 🌥 🌧 🌨 🌡°C

○   ○   ○   ○   ○   ○ .....

Ausstattung

☐ Aufenthaltsraum
☐ Duschen
☐ Einkaufsmöglichkeiten
☐ Entsorgung
☐ Fahrradverleih
☐ Frischwasser
☐ Grillplatz
☐ Haustiere erlaubt
☐ Spielplatz

☐ Strom
☐ Toiletten
☐ Waschmaschinen
☐ WLAN
☐ ....
☐ ....
☐ ....
☐ ....
☐ ....

Bewertung

Lage & Umgebung
☆ ☆ ☆ ☆ ☆

Sauberkeit
☆ ☆ ☆ ☆ ☆

Ausstattung
☆ ☆ ☆ ☆ ☆

Bademöglichkeit
☆ ☆ ☆ ☆ ☆

Freizeitangebote
☆ ☆ ☆ ☆ ☆

Preis - Leistung
☆ ☆ ☆ ☆ ☆

....

....

....

....

....

....

Notizen

Campingplatz ....

Vom ....
Bis ....

Adresse ....
....

Übernachtung

☐ ☐ ☐ ☐ ....

Gefahrene Km ....

Preis ....

Mitreisende ....
....
....

Wetter (durchschnittlich)

°C

☐ ☐ ☐ ☐ ☐ ☐ .....

Ausstattung

☐ Aufenthaltsraum
☐ Duschen
☐ Einkaufsmöglichkeiten
☐ Entsorgung
☐ Fahrradverleih
☐ Frischwasser
☐ Grillplatz
☐ Haustiere erlaubt
☐ Spielplatz

☐ Strom
☐ Toiletten
☐ Waschmaschinen
☐ WLAN
☐ ....
☐ ....
☐ ....
☐ ....
☐ ....

Bewertung

Lage & Umgebung
☆☆☆☆☆

Sauberkeit
☆☆☆☆☆

Ausstattung
☆☆☆☆☆

Bademöglichkeit
☆☆☆☆☆

Freizeitangebote
☆☆☆☆☆

Preis - Leistung
☆☆☆☆☆

....

....

....

....

....

....

Notizen

Campingplatz ....

Vom ....

Bis ....

Adresse ....
....

Übernachtung

☐ 🚐   ☐ 🚙   ☐ ⛺   ☐ ....

Gefahrene Km ....

Preis ....

Mitreisende ....
....
....

Wetter (durchschnittlich)

☀ ⛅ ☁ 🌥 🌧 🌨 🌡 °C

○ ○ ○ ○ ○ ○ .....

Ausstattung

☐ Aufenthaltsraum
☐ Duschen
☐ Einkaufsmöglichkeiten
☐ Entsorgung
☐ Fahrradverleih
☐ Frischwasser
☐ Grillplatz
☐ Haustiere erlaubt
☐ Spielplatz

☐ Strom
☐ Toiletten
☐ Waschmaschinen
☐ WLAN
☐ ....
☐ ....
☐ ....
☐ ....
☐ ....

Bewertung

Lage & Umgebung
☆ ☆ ☆ ☆ ☆

Sauberkeit
☆ ☆ ☆ ☆ ☆

Ausstattung
☆ ☆ ☆ ☆ ☆

Bad_möglichkeit
☆ ☆ ☆ ☆ ☆

Freizeitangebote
☆ ☆ ☆ ☆ ☆

Preis - Leistung
☆ ☆ ☆ ☆ ☆

◆ · ◆

◆ · ◆

◆ · ◆

◆ · ◆

◆ · ◆

◆ · ◆

Notizen

Campingplatz ....

Vom .... **Adresse** ....
Bis ....

Übernachtung

☐   ☐   ☐   ☐ ....

Gefahrene Km .... **Preis** ....

Mitreisende .... **Wetter** *(durchschnittlich)*

.... ☀ ⛅ ☁ ☁ 🌧 🌨 🌡°C

.... ○   ○   ○   ○   ○   ○ .....

Ausstattung

☐ Aufenthaltsraum   ☐ Strom

☐ Duschen   ☐ Toiletten

☐ Einkaufsmöglichkeiten   ☐ Waschmaschinen

☐ Entsorgung   ☐ WLAN

☐ Fahrradverleih   ☐ ....

☐ Frischwasser   ☐ ....

☐ Grillplatz   ☐ ....

☐ Haustiere erlaubt   ☐ ....

☐ Spielplatz   ☐ ....

Bewertung

Lage & Umgebung   Sauberkeit   Ausstattung

☆☆☆☆☆   ☆☆☆☆☆   ☆☆☆☆☆

Bademöglichkeit   Freizeitangebote   Preis - Leistung

☆☆☆☆☆   ☆☆☆☆☆   ☆☆☆☆☆

Aktivitäten, Erlebnisse & Fotos

....

....

....

....

....

....

Notizen

Campingplatz ....

Vom .... **Adresse** ....
Bis ....

Übernachtung

☐ 🚐 ☐ 🚚 ☐ ⛺ ☐ ....

Gefahrene Km .... **Preis** ....

Mitreisende .... **Wetter** (durchschnittlich)

.... ☀ 🌤 ☁ 🌫 🌧 🌨 🌡°C

.... ○   ○   ○   ○   ○   ○ .....

Ausstattung

☐ Aufenthaltsraum   ☐ Strom
☐ Duschen   ☐ Toiletten
☐ Einkaufsmöglichkeiten ☐ Waschmaschinen
☐ Entsorgung   ☐ WLAN
☐ Fahrradverleih   ☐ ....
☐ Frischwasser   ☐ ....
☐ Grillplatz   ☐ ....
☐ Haustiere erlaubt   ☐ ....
☐ Spielplatz   ☐ ....

Bewertung

Lage & Umgebung   Sauberkeit   Ausstattung
☆ ☆ ☆ ☆ ☆   ☆ ☆ ☆ ☆ ☆   ☆ ☆ ☆ ☆ ☆

Bademöglichkeit   Freizeitangebote   Preis - Leistung
☆ ☆ ☆ ☆ ☆   ☆ ☆ ☆ ☆ ☆   ☆ ☆ ☆ ☆ ☆

Aktivitäten, Erlebnisse & Fotos

....

....

....

....

....

....

Notizen

Campingplatz ....

Vom .... **Adresse** ....

Bis ....

Übernachtung

☐ ☐ ☐ ☐ ....

Gefahrene Km .... **Preis** ....

Mitreisende .... **Wetter** (durchschnittlich)

.... ☀ ⛅ ☁ 🌤 🌧 🌨 🌡°C

.... ○   ○   ○   ○   ○   ○ .....

Ausstattung

☐ Aufenthaltsraum   ☐ Strom
☐ Duschen   ☐ Toiletten
☐ Einkaufsmöglichkeiten   ☐ Waschmaschinen
☐ Entsorgung   ☐ WLAN
☐ Fahrradverleih   ☐ ....
☐ Frischwasser   ☐ ....
☐ Grillplatz   ☐ ....
☐ Haustiere erlaubt   ☐ ....
☐ Spielplatz   ☐ ....

Bewertung

Lage & Umgebung   **Sauberkeit**   **Ausstattung**
☆ ☆ ☆ ☆ ☆   ☆ ☆ ☆ ☆ ☆   ☆ ☆ ☆ ☆ ☆

Bademöglichkeit   **Freizeitangebote**   **Preis - Leistung**
☆ ☆ ☆ ☆ ☆   ☆ ☆ ☆ ☆ ☆   ☆ ☆ ☆ ☆ ☆

Aktivitäten, Erlebnisse & Fotos

••

••

••

••

••

••

Notizen

Campingplatz ....

Vom ....   **Adresse** ....

Bis ....

Übernachtung

☐   ☐   ☐   ☐ ....

Gefahrene Km ....   **Preis** ....

Mitreisende ....   **Wetter** *(durchschnittlich)*

....   ☀ ⛅ ☁ 🌥 🌧 ❄ 🌡°C

....   ○   ○   ○   ○   ○   ○ .....

Ausstattung

☐ Aufenthaltsraum   ☐ Strom

☐ Duschen   ☐ Toiletten

☐ Einkaufsmöglichkeiten   ☐ Waschmaschinen

☐ Entsorgung   ☐ WLAN

☐ Fahrradverleih   ☐ ....

☐ Frischwasser   ☐ ....

☐ Grillplatz   ☐ ....

☐ Haustiere erlaubt   ☐ ....

☐ Spielplatz   ☐ ....

Bewertung

Lage & Umgebung   **Sauberkeit**   **Ausstattung**

☆ ☆ ☆ ☆ ☆   ☆ ☆ ☆ ☆ ☆   ☆ ☆ ☆ ☆ ☆

Bademöglichkeit   **Freizeitangebote**   **Preis - Leistung**

☆ ☆ ☆ ☆ ☆   ☆ ☆ ☆ ☆ ☆   ☆ ☆ ☆ ☆ ☆

Notizen

Campingplatz ....

Vom .... **Adresse** ....

Bis ....

Übernachtung

☐ ☐ ☐ ☐ ....

Gefahrene Km .... **Preis** ....

Mitreisende .... **Wetter** *(durchschnittlich)* °C

.... ☀ ⛅ ☁ 🌫 🌧 ❄

.... ○ ○ ○ ○ ○ ○ .....

Ausstattung

☐ Aufenthaltsraum   ☐ Strom
☐ Duschen   ☐ Toiletten
☐ Einkaufsmöglichkeiten   ☐ Waschmaschinen
☐ Entsorgung   ☐ WLAN
☐ Fahrradverleih   ☐ ....
☐ Frischwasser   ☐ ....
☐ Grillplatz   ☐ ....
☐ Haustiere erlaubt   ☐ ....
☐ Spielplatz   ☐ ....

Bewertung

Lage & Umgebung   **Sauberkeit**   **Ausstattung**
☆ ☆ ☆ ☆ ☆   ☆ ☆ ☆ ☆ ☆   ☆ ☆ ☆ ☆ ☆

Bad=möglichkeit   **Freizeitangebote**   **Preis - Leistung**
☆ ☆ ☆ ☆ ☆   ☆ ☆ ☆ ☆ ☆   ☆ ☆ ☆ ☆ ☆

◆◆◆

◆◆◆

◆◆◆

◆◆◆

◆◆◆

◆◆◆

Notizen

Campingplatz ....

Vom .... **Adresse** ....
Bis ....

Übernachtung

☐   ☐   ☐   ☐ ....

Gefahrene Km .... **Preis** ....

Mitreisende ....
....
....

Wetter (durchschnittlich)

☀ ⛅ ☁ 🌥 🌧 ❄ 🌡°C

○   ○   ○   ○   ○   ○   .....

Ausstattung

☐ Aufenthaltsraum   ☐ Strom
☐ Duschen   ☐ Toiletten
☐ Einkaufsmöglichkeiten   ☐ Waschmaschinen
☐ Entsorgung   ☐ WLAN
☐ Fahrradverleih   ☐ ....
☐ Frischwasser   ☐ ....
☐ Grillplatz   ☐ ....
☐ Haustiere erlaubt   ☐ ....
☐ Spielplatz   ☐ ....

Bewertung

Lage & Umgebung
☆☆☆☆☆

Sauberkeit
☆☆☆☆☆

Ausstattung
☆☆☆☆☆

Bademöglichkeit
☆☆☆☆☆

Freizeitangebote
☆☆☆☆☆

Preis - Leistung
☆☆☆☆☆

Aktivitäten, Erlebnisse & Fotos

❖❖❖

❖❖❖

❖❖❖

❖❖❖

❖❖❖

❖❖❖

Notizen

Campingplatz ....

Vom .... **Adresse** ....

Bis ....

Übernachtung

☐ 🚐   ☐ 🚐   ☐ ⛺   ☐ ....

Gefahrene Km .... **Preis** ....

Mitreisende .... **Wetter** (durchschnittlich)

.... ☀ 🌤 ☁ 🌫 🌧 🌨 🌡°C

.... ○ ○ ○ ○ ○ ○ .....

Ausstattung

☐ Aufenthaltsraum   ☐ Strom
☐ Duschen   ☐ Toiletten
☐ Einkaufsmöglichkeiten ☐ Waschmaschinen
☐ Entsorgung   ☐ WLAN
☐ Fahrradverleih   ☐ ....
☐ Frischwasser   ☐ ....
☐ Grillplatz   ☐ ....
☐ Haustiere erlaubt   ☐ ....
☐ Spielplatz   ☐ ....

Bewertung

Lage & Umgebung   **Sauberkeit**   **Ausstattung**
☆ ☆ ☆ ☆ ☆   ☆ ☆ ☆ ☆ ☆   ☆ ☆ ☆ ☆ ☆

Bademöglichkeit   **Freizeitangebote**   **Preis - Leistung**
☆ ☆ ☆ ☆ ☆   ☆ ☆ ☆ ☆ ☆   ☆ ☆ ☆ ☆ ☆

• •

• •

• •

• •

• •

• •

Notizen

Campingplatz ....

Vom ....   **Adresse** ....

Bis ....

Übernachtung

☐   ☐   ☐   ☐ ....

Gefahrene Km ....   **Preis** ....

Mitreisende ....

....

....

Wetter (durchschnittlich)

☀ ⛅ ☁ 🌥 🌧 🌨 🌡°C

○   ○   ○   ○   ○   ○ .....

Ausstattung

☐ Aufenthaltsraum   ☐ Strom

☐ Duschen   ☐ Toiletten

☐ Einkaufsmöglichkeiten   ☐ Waschmaschinen

☐ Entsorgung   ☐ WLAN

☐ Fahrradverleih   ☐ ....

☐ Frischwasser   ☐ ....

☐ Grillplatz   ☐ ....

☐ Haustiere erlaubt   ☐ ....

☐ Spielplatz   ☐ ....

Bewertung

Lage & Umgebung
☆ ☆ ☆ ☆ ☆

Sauberkeit
☆ ☆ ☆ ☆ ☆

Ausstattung
☆ ☆ ☆ ☆ ☆

Bademöglichkeit
☆ ☆ ☆ ☆ ☆

Freizeitangebote
☆ ☆ ☆ ☆ ☆

Preis - Leistung
☆ ☆ ☆ ☆ ☆

....

....

....

....

....

....

Notizen

Campingplatz ....

Vom .... **Adresse** ....
Bis ....

Übernachtung

☐ ☐ ☐ ☐ ....

Gefahrene Km .... **Preis** ....

Mitreisende .... **Wetter** (durchschnittlich)
....
.... ☐ ☐ ☐ ☐ ☐ ☐ °C ....

Ausstattung

☐ Aufenthaltsraum   ☐ Strom
☐ Duschen   ☐ Toiletten
☐ Einkaufsmöglichkeiten   ☐ Waschmaschinen
☐ Entsorgung   ☐ WLAN
☐ Fahrradverleih   ☐ ....
☐ Frischwasser   ☐ ....
☐ Grillplatz   ☐ ....
☐ Haustiere erlaubt   ☐ ....
☐ Spielplatz   ☐ ....

Bewertung

Lage & Umgebung   Sauberkeit   Ausstattung
☆ ☆ ☆ ☆ ☆   ☆ ☆ ☆ ☆ ☆   ☆ ☆ ☆ ☆ ☆

Bademöglichkeit   Freizeitangebote   Preis - Leistung
☆ ☆ ☆ ☆ ☆   ☆ ☆ ☆ ☆ ☆   ☆ ☆ ☆ ☆ ☆

Aktivitäten, Erlebnisse & Fotos

....

....

....

....

....

....

Notizen

Campingplatz ....

Vom ....
Bis ....

Adresse ....
....

Übernachtung

☐   ☐   ☐   ☐ ....

Gefahrene Km ....

Preis ....

Mitreisende ....
....
....

Wetter (durchschnittlich)

☀ 🌤 ☁ 🌥 🌧 🌨 °C

○   ○   ○   ○   ○   ○ .....

Ausstattung

☐ Aufenthaltsraum
☐ Duschen
☐ Einkaufsmöglichkeiten
☐ Entsorgung
☐ Fahrradverleih
☐ Frischwasser
☐ Grillplatz
☐ Haustiere erlaubt
☐ Spielplatz

☐ Strom
☐ Toiletten
☐ Waschmaschinen
☐ WLAN
☐ ....
☐ ....
☐ ....
☐ ....
☐ ....

Bewertung

Lage & Umgebung
☆ ☆ ☆ ☆ ☆

Sauberkeit
☆ ☆ ☆ ☆ ☆

Ausstattung
☆ ☆ ☆ ☆ ☆

Bademöglichkeit
☆ ☆ ☆ ☆ ☆

Freizeitangebote
☆ ☆ ☆ ☆ ☆

Preis - Leistung
☆ ☆ ☆ ☆ ☆

Aktivitäten, Erlebnisse & Fotos

◆ ◆

◆ ◆

◆ ◆

◆ ◆

◆ ◆

◆ ◆

Notizen

Campingplatz ....

Vom .... **Adresse** ....
Bis ....

Übernachtung

☐ 🚐 ☐ 🚚 ☐ ⛺ ☐ ....

Gefahrene Km .... **Preis** ....

Mitreisende .... **Wetter** (durchschnittlich)
.... ☀ 🌤 ☁ 🌥 🌧 🌨 🌡 °C
.... ○ ○ ○ ○ ○ ○ .....

Ausstattung

☐ Aufenthaltsraum   ☐ Strom
☐ Duschen   ☐ Toiletten
☐ Einkaufsmöglichkeiten   ☐ Waschmaschinen
☐ Entsorgung   ☐ WLAN
☐ Fahrradverleih   ☐ ....
☐ Frischwasser   ☐ ....
☐ Grillplatz   ☐ ....
☐ Haustiere erlaubt   ☐ ....
☐ Spielplatz   ☐

Bewertung

Lage & Umgebung   **Sauberkeit**   **Ausstattung**
☆ ☆ ☆ ☆ ☆   ☆ ☆ ☆ ☆ ☆   ☆ ☆ ☆ ☆ ☆

Bademöglichkeit   **Freizeitangebote**   **Preis - Leistung**
☆ ☆ ☆ ☆ ☆   ☆ ☆ ☆ ☆ ☆   ☆ ☆ ☆ ☆ ☆

Aktivitäten, Erlebnisse & Fotos

◆ ◆

◆ ◆

◆ ◆

◆ ◆

◆ ◆

◆ ◆

Notizen

Campingplatz ....

Vom ....
Bis ....

Adresse ....
....

Übernachtung

☐   ☐   ☐   ☐ ....

Gefahrene Km ....

Preis ....

Mitreisende ....
....
....

Wetter (durchschnittlich)

☀ ⛅ ☁ 🌥 🌧 ❄ 🌡°C

○   ○   ○   ○   ○   ○   .....

Ausstattung

☐ Aufenthaltsraum   ☐ Strom
☐ Duschen   ☐ Toiletten
☐ Einkaufsmöglichkeiten   ☐ Waschmaschinen
☐ Entsorgung   ☐ WLAN
☐ Fahrradverleih   ☐ ....
☐ Frischwasser   ☐ ....
☐ Grillplatz   ☐ ....
☐ Haustiere erlaubt   ☐ ....
☐ Spielplatz   ☐ ....

Bewertung

Lage & Umgebung
☆ ☆ ☆ ☆ ☆

Sauberkeit
☆ ☆ ☆ ☆ ☆

Ausstattung
☆ ☆ ☆ ☆ ☆

Bademöglichkeit
☆ ☆ ☆ ☆ ☆

Freizeitangebote
☆ ☆ ☆ ☆ ☆

Preis - Leistung
☆ ☆ ☆ ☆ ☆

Aktivitäten, Erlebnisse & Fotos

••

••

••

••

••

••

Notizen

Campingplatz ....

Vom ....   **Adresse** ....
Bis ....

Übernachtung

☐   ☐   ☐   ☐ ....

Gefahrene Km ....   **Preis** ....

Mitreisende ....
....
....

Wetter (durchschnittlich)

☀ ⛅ ☁ 🌫 🌧 🌨 🌡°C
○   ○   ○   ○   ○   ○ ......

Ausstattung

☐ Aufenthaltsraum   ☐ Strom
☐ Duschen   ☐ Toiletten
☐ Einkaufsmöglichkeiten   ☐ Waschmaschinen
☐ Entsorgung   ☐ WLAN
☐ Fahrradverleih   ☐ ....
☐ Frischwasser   ☐ ....
☐ Grillplatz   ☐ ....
☐ Haustiere erlaubt   ☐ ....
☐ Spielplatz   ☐

Bewertung

Lage & Umgebung   **Sauberkeit**   **Ausstattung**
☆ ☆ ☆ ☆ ☆   ☆ ☆ ☆ ☆ ☆   ☆ ☆ ☆ ☆ ☆

Bademöglichkeit   **Freizeitangebote**   **Preis - Leistung**
☆ ☆ ☆ ☆ ☆   ☆ ☆ ☆ ☆ ☆   ☆ ☆ ☆ ☆ ☆

....

....

....

....

....

....

Notizen

Campingplatz ....

Vom ....
Bis ....

Adresse ....
....

Übernachtung

☐   ☐   ☐   ☐ ....

Gefahrene Km ....

Preis ....

Mitreisende ....
....
....

Wetter (durchschnittlich)

☀   ⛅   ☁   🌫   🌧   🌨   🌡 °C

○   ○   ○   ○   ○   ○   .....

Ausstattung

☐ Aufenthaltsraum
☐ Duschen
☐ Einkaufsmöglichkeiten
☐ Entsorgung
☐ Fahrradverleih
☐ Frischwasser
☐ Grillplatz
☐ Haustiere erlaubt
☐ Spielplatz

☐ Strom
☐ Toiletten
☐ Waschmaschinen
☐ WLAN
☐ ....
☐ ....
☐ ....
☐ ....
☐ ....

Bewertung

Lage & Umgebung
☆ ☆ ☆ ☆ ☆

Sauberkeit
☆ ☆ ☆ ☆ ☆

Ausstattung
☆ ☆ ☆ ☆ ☆

Bademöglichkeit
☆ ☆ ☆ ☆ ☆

Freizeitangebote
☆ ☆ ☆ ☆ ☆

Preis - Leistung
☆ ☆ ☆ ☆ ☆

Aktivitäten, Erlebnisse & Fotos

....

....

....

....

....

....

Notizen

Campingplatz ....

Vom .... **Adresse** ....
Bis ....

Übernachtung

☐ [motorhome]   ☐ [caravan]   ☐ [tent]   ☐ ....

Gefahrene Km .... **Preis** ....

Mitreisende .... **Wetter** (durchschnittlich)
.... ☀ ⛅ ☁ 🌥 🌧 🌨 🌡°C
.... ○ ○ ○ ○ ○ ○ .....

Ausstattung

☐ Aufenthaltsraum   ☐ Strom
☐ Duschen   ☐ Toiletten
☐ Einkaufsmöglichkeiten   ☐ Waschmaschinen
☐ Entsorgung   ☐ WLAN
☐ Fahrradverleih   ☐ ....
☐ Frischwasser   ☐ ....
☐ Grillplatz   ☐ ....
☐ Haustiere erlaubt   ☐ ....
☐ Spielplatz   ☐ ....

Bewertung

Lage & Umgebung   **Sauberkeit**   **Ausstattung**
☆ ☆ ☆ ☆ ☆   ☆ ☆ ☆ ☆ ☆   ☆ ☆ ☆ ☆ ☆

Bademöglichkeit   **Freizeitangebote**   **Preis - Leistung**
☆ ☆ ☆ ☆ ☆   ☆ ☆ ☆ ☆ ☆   ☆ ☆ ☆ ☆ ☆

Aktivitäten, Erlebnisse & Fotos

··

··

··

··

··

··

Notizen

Campingplatz ....

Vom ....
Adresse ....
....
Bis ....
....

Übernachtung

☐ ☐ ☐ ☐ ....

Gefahrene Km ....
Preis ....

Mitreisende ....
Wetter (durchschnittlich)
....
....

☀ 🌤 ☁ 🌥 🌧 🌨 °C

○   ○   ○   ○   ○   ○ .....

Ausstattung

☐ Aufenthaltsraum   ☐ Strom
☐ Duschen   ☐ Toiletten
☐ Einkaufsmöglichkeiten   ☐ Waschmaschinen
☐ Entsorgung   ☐ WLAN
☐ Fahrradverleih   ☐ ....
☐ Frischwasser   ☐ ....
☐ Grillplatz   ☐ ....
☐ Haustiere erlaubt   ☐ ....
☐ Spielplatz   ☐ ....

Bewertung

Lage & Umgebung   **Sauberkeit**   **Ausstattung**
☆ ☆ ☆ ☆ ☆   ☆ ☆ ☆ ☆ ☆   ☆ ☆ ☆ ☆ ☆

Bademöglichkeit   **Freizeitangebote** **Preis - Leistung**
☆ ☆ ☆ ☆ ☆   ☆ ☆ ☆ ☆ ☆   ☆ ☆ ☆ ☆ ☆

◆ ◆

◆ ◆

◆ ◆

◆ ◆

◆ ◆

◆ ◆

Notizen

Campingplatz ....

Vom .... **Adresse** ....
Bis ....

Übernachtung

☐ 🚐   ☐ 🚍   ☐ ⛺   ☐ ....

Gefahrene Km .... **Preis** ....

Mitreisende ....
....
....

Wetter (durchschnittlich)

☀ 🌤 ☁ 🌥 🌧 🌨 🌡°C
○   ○   ○   ○   ○   ○ .....

Ausstattung

☐ Aufenthaltsraum   ☐ Strom
☐ Duschen   ☐ Toiletten
☐ Einkaufsmöglichkeiten   ☐ Waschmaschinen
☐ Entsorgung   ☐ WLAN
☐ Fahrradverleih   ☐ ....
☐ Frischwasser   ☐ ....
☐ Grillplatz   ☐ ....
☐ Haustiere erlaubt   ☐ ....
☐ Spielplatz   ☐ ....

Bewertung

Lage & Umgebung   **Sauberkeit**   **Ausstattung**
☆ ☆ ☆ ☆ ☆   ☆ ☆ ☆ ☆ ☆   ☆ ☆ ☆ ☆ ☆

Badenmöglichkeit   **Freizeitangebote**   **Preis - Leistung**
☆ ☆ ☆ ☆ ☆   ☆ ☆ ☆ ☆ ☆   ☆ ☆ ☆ ☆ ☆

Aktivitäten, Erlebnisse & Fotos

....

....

....

....

....

....

Notizen

Campingplatz ....

Vom .... **Adresse** ....
Bis ....

Übernachtung

☐   ☐   ☐   ☐ ....

Gefahrene Km .... **Preis** ....

Mitreisende .... **Wetter** (durchschnittlich)
.... ☀   ⛅   ☁   ☁   🌧   ❄   🌡°C
.... ○   ○   ○   ○   ○   ○   .....

Ausstattung

☐ Aufenthaltsraum   ☐ Strom
☐ Duschen   ☐ Toiletten
☐ Einkaufsmöglichkeiten   ☐ Waschmaschinen
☐ Entsorgung   ☐ WLAN
☐ Fahrradverleih   ☐ ....
☐ Frischwasser   ☐ ....
☐ Grillplatz   ☐ ....
☐ Haustiere erlaubt   ☐ ....
☐ Spielplatz   ☐ ....

Bewertung

Lage & Umgebung   **Sauberkeit**   **Ausstattung**
☆ ☆ ☆ ☆ ☆   ☆ ☆ ☆ ☆ ☆   ☆ ☆ ☆ ☆ ☆

Bademöglichkeit   **Freizeitangebote**   **Preis - Leistung**
☆ ☆ ☆ ☆ ☆   ☆ ☆ ☆ ☆ ☆   ☆ ☆ ☆ ☆ ☆

Aktivitäten, Erlebnisse & Fotos

••

••

••

••

••

••

Notizen

Campingplatz ....

Vom ....
Bis ....

Adresse ....
....

Übernachtung

☐   ☐   ☐   ☐ ....

Gefahrene Km ....

Preis ....

Mitreisende ....
....
....

Wetter *(durchschnittlich)*

°C

○   ○   ○   ○   ○   ○ .....

Ausstattung

☐ Aufenthaltsraum
☐ Duschen
☐ Einkaufsmöglichkeiten
☐ Entsorgung
☐ Fahrradverleih
☐ Frischwasser
☐ Grillplatz
☐ Haustiere erlaubt
☐ Spielplatz

☐ Strom
☐ Toiletten
☐ Waschmaschinen
☐ WLAN
☐ ....
☐ ....
☐ ....
☐ ....
☐ ....

Bewertung

Lage & Umgebung
☆ ☆ ☆ ☆ ☆

Sauberkeit
☆ ☆ ☆ ☆ ☆

Ausstattung
☆ ☆ ☆ ☆ ☆

Bademöglichkeit
☆ ☆ ☆ ☆ ☆

Freizeitangebote
☆ ☆ ☆ ☆ ☆

Preis - Leistung
☆ ☆ ☆ ☆ ☆

Aktivitäten, Erlebnisse & Fotos

◆◆◆

◆◆◆

◆◆◆

◆◆◆

◆◆◆

◆◆◆

Notizen

Campingplatz ....

Vom ....
Bis ....

Adresse ....
....

Übernachtung

☐ 🚐   ☐ 🚐   ☐ ⛺   ☐ ....

Gefahrene Km ....

Preis ....

Mitreisende ....
....
....

Wetter (durchschnittlich)

°C

☀ 🌤 ☁ 🌥 🌧 🌨 🌡

○   ○   ○   ○   ○   ○   .....

Ausstattung

☐ Aufenthaltsraum
☐ Duschen
☐ Einkaufsmöglichkeiten
☐ Entsorgung
☐ Fahrradverleih
☐ Frischwasser
☐ Grillplatz
☐ Haustiere erlaubt
☐ Spielplatz

☐ Strom
☐ Toiletten
☐ Waschmaschinen
☐ WLAN
☐ ....
☐ ....
☐ ....
☐ ....
☐ ....

Bewertung

Lage & Umgebung
☆ ☆ ☆ ☆ ☆

Sauberkeit
☆ ☆ ☆ ☆ ☆

Ausstattung
☆ ☆ ☆ ☆ ☆

Badmöglichkeit
☆ ☆ ☆ ☆ ☆

Freizeitangebote
☆ ☆ ☆ ☆ ☆

Preis - Leistung
☆ ☆ ☆ ☆ ☆

Aktivitäten, Erlebnisse & Fotos

....

....

....

....

....

....

Notizen

Campingplatz ....

Vom ....   **Adresse** ....

Bis ....

Übernachtung

☐   ☐   ☐   ☐ ....

Gefahrene Km ....   **Preis** ....

Mitreisende ....

....

....

Wetter (durchschnittlich)

☀ ⛅ ☁ 🌥 🌧 ❄ 🌡 °C

○   ○   ○   ○   ○   ○   .....

Ausstattung

☐ Aufenthaltsraum   ☐ Strom

☐ Duschen   ☐ Toiletten

☐ Einkaufsmöglichkeiten   ☐ Waschmaschinen

☐ Entsorgung   ☐ WLAN

☐ Fahrradverleih   ☐ ....

☐ Frischwasser   ☐ ....

☐ Grillplatz   ☐ ....

☐ Haustiere erlaubt   ☐ ....

☐ Spielplatz   ☐ ....

Bewertung

Lage & Umgebung   **Sauberkeit**   **Ausstattung**

☆ ☆ ☆ ☆ ☆   ☆ ☆ ☆ ☆ ☆   ☆ ☆ ☆ ☆ ☆

Bademöglichkeit   **Freizeitangebote**   **Preis - Leistung**

☆ ☆ ☆ ☆ ☆   ☆ ☆ ☆ ☆ ☆   ☆ ☆ ☆ ☆ ☆

Aktivitäten, Erlebnisse & Fotos

....

....

....

....

....

....

Notizen

Campingplatz ....

Vom ....
Bis ....

Adresse ....
....

Übernachtung

☐   ☐   ☐   ☐ ....

Gefahrene Km ....

Preis ....

Mitreisende ....
....
....

Wetter (durchschnittlich)

☀ ⛅ ☁ 🌫 🌧 🌨 🌡 °C
○   ○   ○   ○   ○   ○   .....

Ausstattung

☐ Aufenthaltsraum
☐ Duschen
☐ Einkaufsmöglichkeiten
☐ Entsorgung
☐ Fahrradverleih
☐ Frischwasser
☐ Grillplatz
☐ Haustiere erlaubt
☐ Spielplatz

☐ Strom
☐ Toiletten
☐ Waschmaschinen
☐ WLAN
☐ ....
☐ ....
☐ ....
☐ ....
☐ ....

Bewertung

Lage & Umgebung
☆ ☆ ☆ ☆ ☆

Sauberkeit
☆ ☆ ☆ ☆ ☆

Ausstattung
☆ ☆ ☆ ☆ ☆

Bademöglichkeit
☆ ☆ ☆ ☆ ☆

Freizeitangebote
☆ ☆ ☆ ☆ ☆

Preis - Leistung
☆ ☆ ☆ ☆ ☆

Aktivitäten, Erlebnisse & Fotos

• •

• •

• •

• •

• •

• •

Notizen

Campingplatz ....

Vom .... **Adresse** ....
Bis ....

Übernachtung

☐ 🚐 ☐ 🚏 ☐ ⛺ ☐ ....

Gefahrene Km .... **Preis** ....

Mitreisende ....
....
....

Wetter (durchschnittlich)

☀ 🌤 ☁ 🌥 🌧 🌨 🌡
○ ○ ○ ○ ○ ○ .....

Ausstattung

☐ Aufenthaltsraum   ☐ Strom
☐ Duschen   ☐ Toiletten
☐ Einkaufsmöglichkeiten ☐ Waschmaschinen
☐ Entsorgung   ☐ WLAN
☐ Fahrradverleih   ☐ ....
☐ Frischwasser   ☐ ....
☐ Grillplatz   ☐ ....
☐ Haustiere erlaubt   ☐ ....
☐ Spielplatz   ☐ ....

Bewertung

Lage & Umgebung
☆ ☆ ☆ ☆ ☆

Sauberkeit
☆ ☆ ☆ ☆ ☆

Ausstattung
☆ ☆ ☆ ☆ ☆

Bademöglichkeit
☆ ☆ ☆ ☆ ☆

Freizeitangebote
☆ ☆ ☆ ☆ ☆

Preis - Leistung
☆ ☆ ☆ ☆ ☆

••

••

••

••

••

••

Notizen

Campingplatz ....

Vom .... **Adresse** ....

Bis ....

Übernachtung

☐  ☐ ☐ ☐ ....

Gefahrene Km .... **Preis** ....

Mitreisende .... **Wetter** (durchschnittlich)

.... ☼ ⛅ ☁ ☁ 🌧 🌨 °C

.... ○ ○ ○ ○ ○ ○ .....

Ausstattung

☐ Aufenthaltsraum ☐ Strom

☐ Duschen ☐ Toiletten

☐ Einkaufsmöglichkeiten ☐ Waschmaschinen

☐ Entsorgung ☐ WLAN

☐ Fahrradverleih ☐ ....

☐ Frischwasser ☐ ....

☐ Grillplatz ☐ ....

☐ Haustiere erlaubt ☐ ....

☐ Spielplatz ☐ ....

Bewertung

Lage & Umgebung Sauberkeit Ausstattung

☆ ☆ ☆ ☆ ☆ ☆ ☆ ☆ ☆ ☆ ☆ ☆ ☆ ☆ ☆

Bademöglichkeit Freizeitangebote Preis - Leistung

☆ ☆ ☆ ☆ ☆ ☆ ☆ ☆ ☆ ☆ ☆ ☆ ☆ ☆ ☆

Aktivitäten, Erlebnisse & Fotos

....

....

....

....

....

....

Notizen

Campingplatz ....

Vom ....
Bis ....

Adresse ....
....

Übernachtung

☐ 🚐 ☐ 🚚 ☐ ⛺ ☐ ....

Gefahrene Km ....

Preis ....

Mitreisende ....
....
....

Wetter *(durchschnittlich)*

☀ ⛅ ☁ 🌥 🌧 🌨 🌡°C

○ ○ ○ ○ ○ ○ .....

Ausstattung

☐ Aufenthaltsraum
☐ Duschen
☐ Einkaufsmöglichkeiten
☐ Entsorgung
☐ Fahrradverleih
☐ Frischwasser
☐ Grillplatz
☐ Haustiere erlaubt
☐ Spielplatz

☐ Strom
☐ Toiletten
☐ Waschmaschinen
☐ WLAN
☐ ....
☐ ....
☐ ....
☐ ....
☐ ....

Bewertung

Lage & Umgebung
☆ ☆ ☆ ☆ ☆

Sauberkeit
☆ ☆ ☆ ☆ ☆

Ausstattung
☆ ☆ ☆ ☆ ☆

Bademöglichkeit
☆ ☆ ☆ ☆ ☆

Freizeitangebote
☆ ☆ ☆ ☆ ☆

Preis - Leistung
☆ ☆ ☆ ☆ ☆

Aktivitäten, Erlebnisse & Fotos

◆ ◆

◆ ◆

◆ ◆

◆ ◆

◆ ◆

◆ ◆

Notizen

Campingplatz ....

Vom ....
Bis ....

Adresse ....
....

Übernachtung

☐ 🚐   ☐ 🚚   ☐ ⛺   ☐ ....

Gefahrene Km ....

Preis ....

Mitreisende ....
....
....

Wetter (durchschnittlich)

☀ 🌤 ☁ 🌥 🌧 🌨 🌡°C
○ ○ ○ ○ ○ ○ .....

Ausstattung

☐ Aufenthaltsraum
☐ Duschen
☐ Einkaufsmöglichkeiten
☐ Entsorgung
☐ Fahrradverleih
☐ Frischwasser
☐ Grillplatz
☐ Haustiere erlaubt
☐ Spielplatz

☐ Strom
☐ Toiletten
☐ Waschmaschinen
☐ WLAN
☐ ....
☐ ....
☐ ....
☐ ....

Bewertung

Lage & Umgebung
☆ ☆ ☆ ☆ ☆

Sauberkeit
☆ ☆ ☆ ☆ ☆

Ausstattung
☆ ☆ ☆ ☆ ☆

Bademöglichkeit
☆ ☆ ☆ ☆ ☆

Freizeitangebote
☆ ☆ ☆ ☆ ☆

Preis - Leistung
☆ ☆ ☆ ☆ ☆

Aktivitäten, Erlebnisse & Fotos

....

....

....

....

....

....

Notizen

Campingplatz ....

Vom .... **Adresse** ....
Bis ....

Übernachtung

☐  ☐ ☐ ☐ ....

Gefahrene Km .... **Preis** ....

Mitreisende ....
....
....

Wetter (durchschnittlich)

☀ ⛅ ☁ ☁ 🌧 🌨 🌡 °C
○ ○ ○ ○ ○ ○ .....

Ausstattung

☐ Aufenthaltsraum   ☐ Strom
☐ Duschen   ☐ Toiletten
☐ Einkaufsmöglichkeiten ☐ Waschmaschinen
☐ Entsorgung   ☐ WLAN
☐ Fahrradverleih   ☐ ....
☐ Frischwasser   ☐ ....
☐ Grillplatz   ☐ ....
☐ Haustiere erlaubt   ☐ ....
☐ Spielplatz   ☐ ....

Bewertung

Lage & Umgebung   **Sauberkeit**   **Ausstattung**
☆ ☆ ☆ ☆ ☆   ☆ ☆ ☆ ☆ ☆   ☆ ☆ ☆ ☆ ☆

Bademöglichkeit   **Freizeitangebote**   **Preis - Leistung**
☆ ☆ ☆ ☆ ☆   ☆ ☆ ☆ ☆ ☆   ☆ ☆ ☆ ☆ ☆

••

••

••

••

••

••

Notizen

Campingplatz ....

Vom .... **Adresse** ....
Bis ....

Übernachtung

☐ ☐ ☐ ☐ ....

Gefahrene Km .... **Preis** ....

Mitreisende ....
....
....

Wetter (durchschnittlich)

☼ ⛅ ☁ ☁ 🌧 ❄ °C
○ ○ ○ ○ ○ ○ .....

Ausstattung

☐ Aufenthaltsraum   ☐ Strom
☐ Duschen   ☐ Toiletten
☐ Einkaufsmöglichkeiten ☐ Waschmaschinen
☐ Entsorgung   ☐ WLAN
☐ Fahrradverleih   ☐ ....
☐ Frischwasser   ☐ ....
☐ Grillplatz   ☐ ....
☐ Haustiere erlaubt   ☐ ....
☐ Spielplatz   ☐ ....

Bewertung

Lage & Umgebung   **Sauberkeit**   **Ausstattung**
☆ ☆ ☆ ☆ ☆   ☆ ☆ ☆ ☆ ☆   ☆ ☆ ☆ ☆ ☆

Bademöglichkeit   **Freizeitangebote**   **Preis - Leistung**
☆ ☆ ☆ ☆ ☆   ☆ ☆ ☆ ☆ ☆   ☆ ☆ ☆ ☆ ☆

· ·

· ·

· ·

· ·

· ·

· ·

Notizen

Campingplatz ....

Vom ....
Bis ....

Adresse ....
....

Übernachtung

☐  ☐ 🚐 ☐ ⛺ ☐ ....

Gefahrene Km ....

Preis ....

Mitreisende ....
....
....

Wetter (durchschnittlich)

☀ 🌤 ☁ 🌥 🌧 🌨 🌡°C
○ ○ ○ ○ ○ ○ .....

Ausstattung

☐ Aufenthaltsraum
☐ Duschen
☐ Einkaufsmöglichkeiten
☐ Entsorgung
☐ Fahrradverleih
☐ Frischwasser
☐ Grillplatz
☐ Haustiere erlaubt
☐ Spielplatz

☐ Strom
☐ Toiletten
☐ Waschmaschinen
☐ WLAN
☐ ....
☐ ....
☐ ....
☐ ....
☐ ....

Bewertung

Lage & Umgebung
☆ ☆ ☆ ☆ ☆

Sauberkeit
☆ ☆ ☆ ☆ ☆

Ausstattung
☆ ☆ ☆ ☆ ☆

Bademöglichkeit
☆ ☆ ☆ ☆ ☆

Freizeitangebote
☆ ☆ ☆ ☆ ☆

Preis - Leistung
☆ ☆ ☆ ☆ ☆

◆ ◆

◆ ◆

◆ ◆

◆ ◆

◆ ◆

◆ ◆

Notizen

Campingplatz ....

Vom .... **Adresse** ....

Bis ....

Übernachtung

☐   ☐   ☐   ☐ ....

Gefahrene Km .... **Preis** ....

Mitreisende .... **Wetter** (durchschnittlich)

.... ☀ ⛅ ☁ 🌥 🌧 🌨 🌡 °C

.... ○   ○   ○   ○   ○   ○ .....

Ausstattung

☐ Aufenthaltsraum   ☐ Strom

☐ Duschen   ☐ Toiletten

☐ Einkaufsmöglichkeiten   ☐ Waschmaschinen

☐ Entsorgung   ☐ WLAN

☐ Fahrradverleih   ☐ ....

☐ Frischwasser   ☐ ....

☐ Grillplatz   ☐ ....

☐ Haustiere erlaubt   ☐ ....

☐ Spielplatz   ☐ ....

Bewertung

Lage & Umgebung   **Sauberkeit**   **Ausstattung**

☆☆☆☆☆   ☆☆☆☆☆   ☆☆☆☆☆

Bademöglichkeit   **Freizeitangebote**   **Preis - Leistung**

☆☆☆☆☆   ☆☆☆☆☆   ☆☆☆☆☆

◆ ◆

◆ ◆

◆ ◆

◆ ◆

◆ ◆

◆ ◆

Notizen

Campingplatz ....

Vom ....   **Adresse** ....

Bis ....

Übernachtung

☐   ☐   ☐   ☐ ....

Gefahrene Km ....   **Preis** ....

Mitreisende ....   **Wetter** (durchschnittlich)   °C

....   ☀ ⛅ ☁ 🌫 🌧 🌨 🌡

....   ○ ○ ○ ○ ○ ○ .....

Ausstattung

☐ Aufenthaltsraum   ☐ Strom

☐ Duschen   ☐ Toiletten

☐ Einkaufsmöglichkeiten   ☐ Waschmaschinen

☐ Entsorgung   ☐ WLAN

☐ Fahrradverleih   ☐ ....

☐ Frischwasser   ☐ ....

☐ Grillplatz   ☐ ....

☐ Haustiere erlaubt   ☐ ....

☐ Spielplatz   ☐ ....

Bewertung

Lage & Umgebung   Sauberkeit   Ausstattung

☆ ☆ ☆ ☆ ☆   ☆ ☆ ☆ ☆ ☆   ☆ ☆ ☆ ☆ ☆

Bademöglichkeit   Freizeitangebote   Preis - Leistung

☆ ☆ ☆ ☆ ☆   ☆ ☆ ☆ ☆ ☆   ☆ ☆ ☆ ☆ ☆

Aktivitäten, Erlebnisse & Fotos

....

....

....

....

....

....

Notizen

Campingplatz ....

Vom ....   **Adresse** ....

Bis ....

Übernachtung

☐   ☐   ☐   ☐ ....

Gefahrene Km ....   **Preis** ....

Mitreisende ....   **Wetter** (durchschnittlich)   °C

....

....

☀ ☀ ☁ ☁ ☔ ☃ 🌡

○   ○   ○   ○   ○   ○   .....

Ausstattung

☐ Aufenthaltsraum   ☐ Strom

☐ Duschen   ☐ Toiletten

☐ Einkaufsmöglichkeiten   ☐ Waschmaschinen

☐ Entsorgung   ☐ WLAN

☐ Fahrradverleih   ☐ ....

☐ Frischwasser   ☐ ....

☐ Grillplatz   ☐ ....

☐ Haustiere erlaubt   ☐ ....

☐ Spielplatz   ☐ ....

Bewertung

Lage & Umgebung   Sauberkeit   Ausstattung

☆ ☆ ☆ ☆ ☆   ☆ ☆ ☆ ☆ ☆   ☆ ☆ ☆ ☆ ☆

Bademöglichkeit   Freizeitangebote   Preis - Leistung

☆ ☆ ☆ ☆ ☆   ☆ ☆ ☆ ☆ ☆   ☆ ☆ ☆ ☆ ☆

Aktivitäten, Erlebnisse & Fotos

❖•❖

❖•❖

❖•❖

❖•❖

❖•❖

❖•❖

Notizen

Campingplatz ....

Vom ....
Bis ....

Adresse ....
....

Übernachtung

☐ 🚐   ☐ 🚍   ☐ ⛺   ☐ ....

Gefahrene Km ....

Preis ....

Mitreisende ....
....
....

Wetter (durchschnittlich)

☀ ⛅ ☁ 🌥 🌧 🌨 🌡 °C
○ ○ ○ ○ ○ ○ .....

Ausstattung

☐ Aufenthaltsraum
☐ Duschen
☐ Einkaufsmöglichkeiten
☐ Entsorgung
☐ Fahrradverleih
☐ Frischwasser
☐ Grillplatz
☐ Haustiere erlaubt
☐ Spielplatz

☐ Strom
☐ Toiletten
☐ Waschmaschinen
☐ WLAN
☐ ....
☐ ....
☐ ....
☐ ....
☐ ....

Bewertung

Lage & Umgebung
☆ ☆ ☆ ☆ ☆

Sauberkeit
☆ ☆ ☆ ☆ ☆

Ausstattung
☆ ☆ ☆ ☆ ☆

Bademöglichkeit
☆ ☆ ☆ ☆ ☆

Freizeitangebote
☆ ☆ ☆ ☆ ☆

Preis - Leistung
☆ ☆ ☆ ☆ ☆

◆◆

◆◆

◆◆

◆◆

◆◆

◆◆

Notizen

Campingplatz ....

Vom .... **Adresse** ....

Bis ....

Übernachtung

☐   ☐   ☐   ☐ ....

Gefahrene Km .... **Preis** ....

Mitreisende .... **Wetter** (durchschnittlich)

.... ☀ ⛅ ☁ 🌥 🌧 🌨 🌡°C

.... ○ ○ ○ ○ ○ ○ .....

Ausstattung

☐ Aufenthaltsraum   ☐ Strom

☐ Duschen   ☐ Toiletten

☐ Einkaufsmöglichkeiten   ☐ Waschmaschinen

☐ Entsorgung   ☐ WLAN

☐ Fahrradverleih   ☐ ....

☐ Frischwasser   ☐ ....

☐ Grillplatz   ☐ ....

☐ Haustiere erlaubt   ☐ ....

☐ Spielplatz   ☐ ....

Bewertung

Lage & Umgebung   **Sauberkeit**   **Ausstattung**

☆☆☆☆☆   ☆☆☆☆☆   ☆☆☆☆☆

Bademöglichkeit   **Freizeitangebote**   **Preis - Leistung**

☆☆☆☆☆   ☆☆☆☆☆   ☆☆☆☆☆

Aktivitäten, Erlebnisse & Fotos

◆◆

◆◆

◆◆

◆◆

◆◆

◆◆

Notizen

Campingplatz ....

Vom .... **Adresse** ....
Bis ....

Übernachtung

☐ 🚐   ☐ 🚚   ☐ ⛺   ☐ ....

Gefahrene Km .... **Preis** ....

Mitreisende ....
....   **Wetter** *(durchschnittlich)*
.... ☀ 🌤 ☁ 🌥 🌧 🌨 🌡 °C
   ○ ○ ○ ○ ○ ○ .....

Ausstattung

☐ Aufenthaltsraum   ☐ Strom
☐ Duschen   ☐ Toiletten
☐ Einkaufsmöglichkeiten   ☐ Waschmaschinen
☐ Entsorgung   ☐ WLAN
☐ Fahrradverleih   ☐ ....
☐ Frischwasser   ☐ ....
☐ Grillplatz   ☐ ....
☐ Haustiere erlaubt   ☐ ....
☐ Spielplatz   ☐ ....

Bewertung

Lage & Umgebung   Sauberkeit   Ausstattung
☆ ☆ ☆ ☆ ☆   ☆ ☆ ☆ ☆ ☆   ☆ ☆ ☆ ☆ ☆

Bademöglichkeit   Freizeitangebote   Preis - Leistung
☆ ☆ ☆ ☆ ☆   ☆ ☆ ☆ ☆ ☆   ☆ ☆ ☆ ☆ ☆

Aktivitäten, Erlebnisse & Fotos

• •

• •

• •

• •

• •

• •

Notizen

Campingplatz ....

Vom .... **Adresse** ....
Bis ....

Übernachtung

☐   ☐   ☐   ☐ ....

Gefahrene Km .... **Preis** ....

Mitreisende .... **Wetter** (durchschnittlich)

.... ☀ ⛅ ☁ 🌥 🌧 🌨 🌡 °C

.... ○   ○   ○   ○   ○   ○   .....

Ausstattung

☐ Aufenthaltsraum   ☐ Strom
☐ Duschen   ☐ Toiletten
☐ Einkaufsmöglichkeiten   ☐ Waschmaschinen
☐ Entsorgung   ☐ WLAN
☐ Fahrradverleih   ☐ ....
☐ Frischwasser   ☐ ....
☐ Grillplatz   ☐ ....
☐ Haustiere erlaubt   ☐ ....
☐ Spielplatz   ☐ ....

Bewertung

Lage & Umgebung   **Sauberkeit**   **Ausstattung**
☆ ☆ ☆ ☆ ☆   ☆ ☆ ☆ ☆ ☆   ☆ ☆ ☆ ☆ ☆

Bademöglichkeit   **Freizeitangebote**   **Preis - Leistung**
☆ ☆ ☆ ☆ ☆   ☆ ☆ ☆ ☆ ☆   ☆ ☆ ☆ ☆ ☆

Aktivitäten, Erlebnisse & Fotos

....

....

....

....

....

....

Notizen

Campingplatz ....

Vom .... **Adresse** ....
Bis ....

Übernachtung

☐ ☐ ☐ ☐ ....

Gefahrene Km .... **Preis** ....

Mitreisende .... **Wetter** (durchschnittlich)
....
....

☀ 🌤 ☁ 🌫 🌧 🌨 🌡°C
○ ○ ○ ○ ○ ○ .....

Ausstattung

☐ Aufenthaltsraum   ☐ Strom
☐ Duschen   ☐ Toiletten
☐ Einkaufsmöglichkeiten ☐ Waschmaschinen
☐ Entsorgung   ☐ WLAN
☐ Fahrradverleih   ☐ ....
☐ Frischwasser   ☐ ....
☐ Grillplatz   ☐ ....
☐ Haustiere erlaubt   ☐ ....
☐ Spielplatz   ☐ ....

Bewertung

Lage & Umgebung   Sauberkeit   Ausstattung
☆ ☆ ☆ ☆ ☆   ☆ ☆ ☆ ☆ ☆   ☆ ☆ ☆ ☆ ☆

Bademöglichkeit   Freizeitangebote   Preis - Leistung
☆ ☆ ☆ ☆ ☆   ☆ ☆ ☆ ☆ ☆   ☆ ☆ ☆ ☆ ☆

Aktivitäten, Erlebnisse & Fotos

◆◆

◆◆

◆◆

◆◆

◆◆

◆◆

Notizen

Campingplatz ....

Vom .... **Adresse** ....
Bis ....

Übernachtung

☐ ☐ ☐ ☐ ....

Gefahrene Km .... **Preis** ....

Mitreisende ....
....
....

Wetter (durchschnittlich) °C

☀ ⛅ ☁ 🌫 🌧 🌨 🌡

○   ○   ○   ○   ○   ○ .....

Ausstattung

☐ Aufenthaltsraum   ☐ Strom
☐ Duschen   ☐ Toiletten
☐ Einkaufsmöglichkeiten ☐ Waschmaschinen
☐ Entsorgung   ☐ WLAN
☐ Fahrradverleih   ☐ ....
☐ Frischwasser   ☐ ....
☐ Grillplatz   ☐ ....
☐ Haustiere erlaubt   ☐ ....
☐ Spielplatz   ☐ ....

Bewertung

Lage & Umgebung   *Sauberkeit*   *Ausstattung*
☆ ☆ ☆ ☆ ☆   ☆ ☆ ☆ ☆ ☆   ☆ ☆ ☆ ☆ ☆

Bademöglichkeit   *Freizeitangebote*   *Preis - Leistung*
☆ ☆ ☆ ☆ ☆   ☆ ☆ ☆ ☆ ☆   ☆ ☆ ☆ ☆ ☆

Aktivitäten, Erlebnisse & Fotos

....

....

....

....

....

....

Notizen

Campingplatz ....

Vom .... **Adresse** ....
Bis ....

Übernachtung

☐ ☐ ☐ ☐ ....

Gefahrene Km .... **Preis** ....

Mitreisende .... **Wetter** (durchschnittlich)
.... ☀ ⛅ ☁ 🌥 🌧 🌨 🌡°C
.... ○ ○ ○ ○ ○ ○ .....

Ausstattung

☐ Aufenthaltsraum   ☐ Strom
☐ Duschen   ☐ Toiletten
☐ Einkaufsmöglichkeiten   ☐ Waschmaschinen
☐ Entsorgung   ☐ WLAN
☐ Fahrradverleih   ☐ ....
☐ Frischwasser   ☐ ....
☐ Grillplatz   ☐ ....
☐ Haustiere erlaubt   ☐ ....
☐ Spielplatz   ☐ ....

Bewertung

Lage & Umgebung   **Sauberkeit**   **Ausstattung**
☆ ☆ ☆ ☆ ☆   ☆ ☆ ☆ ☆ ☆   ☆ ☆ ☆ ☆ ☆

Bademöglichkeit   **Freizeitangebote**   **Preis - Leistung**
☆ ☆ ☆ ☆ ☆   ☆ ☆ ☆ ☆ ☆   ☆ ☆ ☆ ☆ ☆

Aktivitäten, Erlebnisse & Fotos

••

••

••

••

••

••

Notizen

Campingplatz ....

Vom .... **Adresse** ....
Bis ....

Übernachtung

☐ 🚐   ☐ 🚌   ☐ ⛺   ☐ ....

Gefahrene Km .... **Preis** ....

Mitreisende .... **Wetter** (durchschnittlich)
....
....
☀ ⛅ ☁ 🌫 🌧 🌨 🌡 °C
○ ○ ○ ○ ○ ○ .....

Ausstattung

☐ Aufenthaltsraum   ☐ Strom
☐ Duschen   ☐ Toiletten
☐ Einkaufsmöglichkeiten ☐ Waschmaschinen
☐ Entsorgung   ☐ WLAN
☐ Fahrradverleih   ☐ ....
☐ Frischwasser   ☐ ....
☐ Grillplatz   ☐ ....
☐ Haustiere erlaubt   ☐ ....
☐ Spielplatz   ☐ ....

Bewertung

Lage & Umgebung   Sauberkeit   Ausstattung
☆ ☆ ☆ ☆ ☆   ☆ ☆ ☆ ☆ ☆   ☆ ☆ ☆ ☆ ☆

Bademöglichkeit   Freizeitangebote   Preis - Leistung
☆ ☆ ☆ ☆ ☆   ☆ ☆ ☆ ☆ ☆   ☆ ☆ ☆ ☆ ☆

◆◆

◆◆

◆◆

◆◆

◆◆

◆◆

Notizen

Campingplatz ....

Vom ....   **Adresse** ....

Bis ....

Übernachtung

☐   ☐   ☐   ☐ ....

Gefahrene Km ....   **Preis** ....

Mitreisende ....   **Wetter** (durchschnittlich)

....   ☀ ⛅ ☁ 🌫 🌧 ❄ 🌡°C

....   ○   ○   ○   ○   ○   ○ ......

Ausstattung

☐ Aufenthaltsraum   ☐ Strom

☐ Duschen   ☐ Toiletten

☐ Einkaufsmöglichkeiten   ☐ Waschmaschinen

☐ Entsorgung   ☐ WLAN

☐ Fahrradverleih   ☐ ....

☐ Frischwasser   ☐ ....

☐ Grillplatz   ☐ ....

☐ Haustiere erlaubt   ☐ ....

☐ Spielplatz   ☐

Bewertung

Lage & Umgebung   **Sauberkeit**   **Ausstattung**

☆ ☆ ☆ ☆ ☆   ☆ ☆ ☆ ☆ ☆   ☆ ☆ ☆ ☆ ☆

Bademöglichkeit   **Freizeitangebote**   **Preis - Leistung**

☆ ☆ ☆ ☆ ☆   ☆ ☆ ☆ ☆ ☆   ☆ ☆ ☆ ☆ ☆

··

··

··

··

··

··

Notizen

Campingplatz ....

Vom .... **Adresse** ....
Bis ....

Übernachtung

☐ [Wohnmobil] ☐ [Wohnwagen] ☐ [Zelt] ☐ ....

Gefahrene Km .... **Preis** ....

Mitreisende ....
....
....

Wetter (durchschnittlich)

☼ ⛅ ☁ 🌥 🌧 ❄ °C
○   ○   ○   ○   ○   ○   .....

Ausstattung

☐ Aufenthaltsraum   ☐ Strom
☐ Duschen   ☐ Toiletten
☐ Einkaufsmöglichkeiten ☐ Waschmaschinen
☐ Entsorgung   ☐ WLAN
☐ Fahrradverleih   ☐ ....
☐ Frischwasser   ☐ ....
☐ Grillplatz   ☐ ....
☐ Haustiere erlaubt   ☐ ....
☐ Spielplatz   ☐ ....

Bewertung

Lage & Umgebung   Sauberkeit   Ausstattung
☆ ☆ ☆ ☆ ☆   ☆ ☆ ☆ ☆ ☆   ☆ ☆ ☆ ☆ ☆

Bademöglichkeit   Freizeitangebote   Preis - Leistung
☆ ☆ ☆ ☆ ☆   ☆ ☆ ☆ ☆ ☆   ☆ ☆ ☆ ☆ ☆

••

••

••

••

••

••

Notizen

Campingplatz ....

Vom ....
Bis ....

Adresse ....
....

Übernachtung

☐   ☐   ☐   ☐ ....

Gefahrene Km ....

Preis ....

Mitreisende ....
....
....

Wetter (durchschnittlich)

☀ ⛅ ☁ 🌥 🌧 🌨 🌡°C
○   ○   ○   ○   ○   ○ .....

Ausstattung

☐ Aufenthaltsraum
☐ Duschen
☐ Einkaufsmöglichkeiten
☐ Entsorgung
☐ Fahrradverleih
☐ Frischwasser
☐ Grillplatz
☐ Haustiere erlaubt
☐ Spielplatz

☐ Strom
☐ Toiletten
☐ Waschmaschinen
☐ WLAN
☐ ....
☐ ....
☐ ....
☐ ....
☐ ....

Bewertung

Lage & Umgebung
☆ ☆ ☆ ☆ ☆

Sauberkeit
☆ ☆ ☆ ☆ ☆

Ausstattung
☆ ☆ ☆ ☆ ☆

Bademöglichkeit
☆ ☆ ☆ ☆ ☆

Freizeitangebote
☆ ☆ ☆ ☆ ☆

Preis - Leistung
☆ ☆ ☆ ☆ ☆

Aktivitäten, Erlebnisse & Fotos

••

••

••

••

••

••

Notizen

Campingplatz ....

Vom .... **Adresse** ....

Bis ....

Übernachtung

☐ 🚐 ☐ 🚐 ☐ ⛺ ☐ ....

Gefahrene Km .... **Preis** ....

Mitreisende .... **Wetter** (durchschnittlich)

.... ☀ 🌤 ☁ 🌥 🌧 🌨 🌡°C

.... ○ ○ ○ ○ ○ ○ .....

Ausstattung

☐ Aufenthaltsraum ☐ Strom
☐ Duschen ☐ Toiletten
☐ Einkaufsmöglichkeiten ☐ Waschmaschinen
☐ Entsorgung ☐ WLAN
☐ Fahrradverleih ☐ ....
☐ Frischwasser ☐ ....
☐ Grillplatz ☐ ....
☐ Haustiere erlaubt ☐ ....
☐ Spielplatz ☐ ....

Bewertung

Lage & Umgebung **Sauberkeit** **Ausstattung**
☆ ☆ ☆ ☆ ☆ ☆ ☆ ☆ ☆ ☆ ☆ ☆ ☆ ☆ ☆

Bademöglichkeit **Freizeitangebote** **Preis - Leistung**
☆ ☆ ☆ ☆ ☆ ☆ ☆ ☆ ☆ ☆ ☆ ☆ ☆ ☆ ☆

◆ ◆

◆ ◆

◆ ◆

◆ ◆

◆ ◆

◆ ◆

Notizen

Campingplatz ....

Vom .... **Adresse** ....
Bis ....

Übernachtung

☐ 🚐   ☐ 🚚   ☐ ⛺   ☐ ....

Gefahrene Km .... **Preis** ....

Mitreisende ....
....
....

Wetter (durchschnittlich)

☀ ⛅ ☁ 🌥 🌧 ❄ 🌡°C

○ ○ ○ ○ ○ ○ .....

Ausstattung

☐ Aufenthaltsraum   ☐ Strom
☐ Duschen   ☐ Toiletten
☐ Einkaufsmöglichkeiten   ☐ Waschmaschinen
☐ Entsorgung   ☐ WLAN
☐ Fahrradverleih   ☐ ....
☐ Frischwasser   ☐ ....
☐ Grillplatz   ☐ ....
☐ Haustiere erlaubt   ☐ ....
☐ Spielplatz   ☐ ....

Bewertung

Lage & Umgebung   **Sauberkeit**   **Ausstattung**
☆ ☆ ☆ ☆ ☆   ☆ ☆ ☆ ☆ ☆   ☆ ☆ ☆ ☆ ☆

Bademöglichkeit   **Freizeitangebote**   **Preis - Leistung**
☆ ☆ ☆ ☆ ☆   ☆ ☆ ☆ ☆ ☆   ☆ ☆ ☆ ☆ ☆

Aktivitäten, Erlebnisse & Fotos

◆◆

◆◆◆

◆◆◆

◆◆◆

◆◆◆

◆◆◆

Notizen

Campingplatz ....

Vom .... **Adresse** ....
Bis ....

Übernachtung

☐ ☐ ☐ ☐ ....

Gefahrene Km .... **Preis** ....

Mitreisende .... **Wetter** (durchschnittlich)
.... ☀ ⛅ ☁ 🌬 🌧 🌨 🌡°C
.... ○   ○   ○   ○   ○   ○ .....

Ausstattung

☐ Aufenthaltsraum   ☐ Strom
☐ Duschen   ☐ Toiletten
☐ Einkaufsmöglichkeiten   ☐ Waschmaschinen
☐ Entsorgung   ☐ WLAN
☐ Fahrradverleih   ☐ ....
☐ Frischwasser   ☐ ....
☐ Grillplatz   ☐ ....
☐ Haustiere erlaubt   ☐ ....
☐ Spielplatz   ☐ ....

Bewertung

Lage & Umgebung   **Sauberkeit**   **Ausstattung**
☆ ☆ ☆ ☆ ☆   ☆ ☆ ☆ ☆ ☆   ☆ ☆ ☆ ☆ ☆

Bademöglichkeit   **Freizeitangebote**   **Preis - Leistung**
☆ ☆ ☆ ☆ ☆   ☆ ☆ ☆ ☆ ☆   ☆ ☆ ☆ ☆ ☆

....

....

....

....

....

....

Notizen

Campingplatz ....

Vom ....
Bis ....

Adresse ....
....

Übernachtung

☐ 🚐 ☐ 🚍 ☐ ⛺ ☐ ....

Gefahrene Km ....

Preis ....

Mitreisende ....
....
....

Wetter (durchschnittlich)

☀ 🌤 ☁ 🌥 🌧 🌨 🌡°C

○   ○   ○   ○   ○   ○   .....

Ausstattung

☐ Aufenthaltsraum
☐ Duschen
☐ Einkaufsmöglichkeiten
☐ Entsorgung
☐ Fahrradverleih
☐ Frischwasser
☐ Grillplatz
☐ Haustiere erlaubt
☐ Spielplatz

☐ Strom
☐ Toiletten
☐ Waschmaschinen
☐ WLAN
☐ ....
☐ ....
☐ ....
☐ ....
☐ ....

Bewertung

Lage & Umgebung
☆ ☆ ☆ ☆ ☆

Sauberkeit
☆ ☆ ☆ ☆ ☆

Ausstattung
☆ ☆ ☆ ☆ ☆

Bademöglichkeit
☆ ☆ ☆ ☆ ☆

Freizeitangebote
☆ ☆ ☆ ☆ ☆

Preis - Leistung
☆ ☆ ☆ ☆ ☆

....

....

....

....

....

....

Notizen

Campingplatz ....

Vom ....
Bis ....

Adresse ....
....

Übernachtung

☐   ☐   ☐   ☐ ....

Gefahrene Km ....

Preis ....

Mitreisende ....
....
....

Wetter (durchschnittlich)

☀ 🌤 ☁ 🌥 🌧 ❄ 🌡°C

○   ○   ○   ○   ○   ○   .....

Ausstattung

☐ Aufenthaltsraum
☐ Duschen
☐ Einkaufsmöglichkeiten
☐ Entsorgung
☐ Fahrradverleih
☐ Frischwasser
☐ Grillplatz
☐ Haustiere erlaubt
☐ Spielplatz

☐ Strom
☐ Toiletten
☐ Waschmaschinen
☐ WLAN
☐ ....
☐ ....
☐ ....
☐ ....
☐ ....

Bewertung

Lage & Umgebung
☆☆☆☆☆

Sauberkeit
☆☆☆☆☆

Ausstattung
☆☆☆☆☆

Bademöglichkeit
☆☆☆☆☆

Freizeitangebote
☆☆☆☆☆

Preis - Leistung
☆☆☆☆☆

••

••

••

••

••

••

Notizen

Campingplatz ....

Vom ....
Bis ....

Adresse ....
....

Übernachtung

☐ 🚐 ☐ 🚎 ☐ ⛺ ☐ ....

Gefahrene Km ....

Preis ....

Mitreisende ....
....
....

Wetter (durchschnittlich)

☀ 🌤 ☁ 🌥 🌧 🌨 🌡°C

○   ○   ○   ○   ○   ○   .....

Ausstattung

☐ Aufenthaltsraum
☐ Duschen
☐ Einkaufsmöglichkeiten
☐ Entsorgung
☐ Fahrradverleih
☐ Frischwasser
☐ Grillplatz
☐ Haustiere erlaubt
☐ Spielplatz

☐ Strom
☐ Toiletten
☐ Waschmaschinen
☐ WLAN
☐ ....
☐ ....
☐ ....
☐ ....
☐ ....

Bewertung

Lage & Umgebung
☆ ☆ ☆ ☆ ☆

Sauberkeit
☆ ☆ ☆ ☆ ☆

Ausstattung
☆ ☆ ☆ ☆ ☆

Bademöglichkeit
☆ ☆ ☆ ☆ ☆

Freizeitangebote
☆ ☆ ☆ ☆ ☆

Preis - Leistung
☆ ☆ ☆ ☆ ☆

Aktivitäten, Erlebnisse & Fotos

· ·

· ·

· ·

· ·

· ·

· ·

Notizen

Campingplatz ....

Vom ....
Bis ....

Adresse ....
....

Übernachtung

☐ 🚐   ☐ 🚎   ☐ ⛺   ☐ ....

Gefahrene Km ....

Preis ....

Mitreisende ....
....
....

Wetter (durchschnittlich)

☀ ⛅ ☁ 🌫 🌧 🌨 🌡°C

○   ○   ○   ○   ○   ○ .....

Ausstattung

☐ Aufenthaltsraum
☐ Duschen
☐ Einkaufsmöglichkeiten
☐ Entsorgung
☐ Fahrradverleih
☐ Frischwasser
☐ Grillplatz
☐ Haustiere erlaubt
☐ Spielplatz

☐ Strom
☐ Toiletten
☐ Waschmaschinen
☐ WLAN
☐ ....
☐ ....
☐ ....
☐ ....
☐ ....

Bewertung

Lage & Umgebung
☆ ☆ ☆ ☆ ☆

Sauberkeit
☆ ☆ ☆ ☆ ☆

Ausstattung
☆ ☆ ☆ ☆ ☆

Bademöglichkeit
☆ ☆ ☆ ☆ ☆

Freizeitangebote
☆ ☆ ☆ ☆ ☆

Preis - Leistung
☆ ☆ ☆ ☆ ☆

Notizen

Campingplatz ....

Vom ....
Bis ....

Adresse ....
....

Übernachtung

☐ [Wohnmobil] ☐ [Wohnwagen] ☐ [Zelt] ☐ ....

Gefahrene Km ....

Preis ....

Mitreisende ....
....
....

Wetter (durchschnittlich)

☀ ⛅ ☁ 🌥 🌧 🌨 🌡°C
○ ○ ○ ○ ○ ○ .....

Ausstattung

☐ Aufenthaltsraum
☐ Duschen
☐ Einkaufsmöglichkeiten
☐ Entsorgung
☐ Fahrradverleih
☐ Frischwasser
☐ Grillplatz
☐ Haustiere erlaubt
☐ Spielplatz

☐ Strom
☐ Toiletten
☐ Waschmaschinen
☐ WLAN
☐ ....
☐ ....
☐ ....
☐ ....
☐ ....

Bewertung

Lage & Umgebung
☆☆☆☆☆

Sauberkeit
☆☆☆☆☆

Ausstattung
☆☆☆☆☆

Bademöglichkeit
☆☆☆☆☆

Freizeitangebote
☆☆☆☆☆

Preis - Leistung
☆☆☆☆☆

Aktivitäten, Erlebnisse & Fotos

....

....

....

....

....

....

Notizen

Campingplatz ....

Vom .... **Adresse** ....
Bis ....

Übernachtung

☐   ☐   ☐   ☐ ....

Gefahrene Km .... **Preis** ....

Mitreisende .... **Wetter** (durchschnittlich)
....
.... ☀ ⛅ ☁ 🌫 🌧 🌨 🌡°C
   ○   ○   ○   ○   ○   ○ ....

Ausstattung

☐ Aufenthaltsraum   ☐ Strom
☐ Duschen   ☐ Toiletten
☐ Einkaufsmöglichkeiten   ☐ Waschmaschinen
☐ Entsorgung   ☐ WLAN
☐ Fahrradverleih   ☐ ....
☐ Frischwasser   ☐ ....
☐ Grillplatz   ☐ ....
☐ Haustiere erlaubt   ☐ ....
☐ Spielplatz   ☐ ....

Bewertung

Lage & Umgebung   **Sauberkeit**   **Ausstattung**
☆ ☆ ☆ ☆ ☆   ☆ ☆ ☆ ☆ ☆   ☆ ☆ ☆ ☆ ☆

Bademöglichkeit   **Freizeitangebote**   **Preis - Leistung**
☆ ☆ ☆ ☆ ☆   ☆ ☆ ☆ ☆ ☆   ☆ ☆ ☆ ☆ ☆

Aktivitäten, Erlebnisse & Fotos

◆◆◆

◆◆◆

◆◆◆

◆◆◆

◆◆◆

◆◆◆

Notizen

Campingplatz ....

Vom .... **Adresse** ....
Bis ....

Übernachtung

☐ 🚐   ☐ 🚚   ☐ ⛺   ☐ ....

Gefahrene Km .... **Preis** ....

Mitreisende .... **Wetter** (durchschnittlich)
....
.... ☀ 🌤 ☁ 🌥 🌧 🌨 🌡°C
 ○ ○ ○ ○ ○ ○ .....

Ausstattung

☐ Aufenthaltsraum   ☐ Strom
☐ Duschen   ☐ Toiletten
☐ Einkaufsmöglichkeiten ☐ Waschmaschinen
☐ Entsorgung   ☐ WLAN
☐ Fahrradverleih   ☐ ....
☐ Frischwasser   ☐ ....
☐ Grillplatz   ☐ ....
☐ Haustiere erlaubt   ☐ ....
☐ Spielplatz   ☐ ....

Bewertung

Lage & Umgebung   Sauberkeit   Ausstattung
☆ ☆ ☆ ☆ ☆   ☆ ☆ ☆ ☆ ☆   ☆ ☆ ☆ ☆ ☆

Bademöglichkeit   Freizeitangebote   Preis - Leistung
☆ ☆ ☆ ☆ ☆   ☆ ☆ ☆ ☆ ☆   ☆ ☆ ☆ ☆ ☆

Aktivitäten, Erlebnisse & Fotos

....

....

....

....

....

....

Notizen

Campingplatz ....

Vom ....
Bis ....

Adresse ....
....

Übernachtung

☐   ☐   ☐   ☐ ....

Gefahrene Km ....

Preis ....

Mitreisende ....
....
....

Wetter (durchschnittlich)

☀ ⛅ ☁ 🌥 🌧 🌨 🌡°C

○   ○   ○   ○   ○   ○   .....

Ausstattung

☐ Aufenthaltsraum   ☐ Strom
☐ Duschen   ☐ Toiletten
☐ Einkaufsmöglichkeiten   ☐ Waschmaschinen
☐ Entsorgung   ☐ WLAN
☐ Fahrradverleih   ☐ ....
☐ Frischwasser   ☐ ....
☐ Grillplatz   ☐ ....
☐ Haustiere erlaubt   ☐ ....
☐ Spielplatz   ☐ ....

Bewertung

Lage & Umgebung
☆ ☆ ☆ ☆ ☆

Sauberkeit
☆ ☆ ☆ ☆ ☆

Ausstattung
☆ ☆ ☆ ☆ ☆

Bademöglichkeit
☆ ☆ ☆ ☆ ☆

Freizeitangebote
☆ ☆ ☆ ☆ ☆

Preis - Leistung
☆ ☆ ☆ ☆ ☆

Aktivitäten, Erlebnisse & Fotos

....

....

....

....

....

....

Notizen

Impressum:

Z. Wolle
Christian Zengerling
Bahnhof 14
06420 Könnern
Deutschland

© 2021
Herstellung und Verlag: BoD – Books on Demand, Norderstedt
ISBN: 978-3-7534-2307-4